1 ABC der Tiere
Arbeitsheft
Grundschrift Teil B

Herausgegeben von
Klaus Kuhn
Erarbeitet von
Klaus Kuhn
Kerstin Mrowka-Nienstedt

Name: ______________________________

Klasse: ______________________________

Mildenberger

Inhalt

Die Kompetenzen zu jeder Heftseite unter: www.abc-der-tiere.de/1405-kompetenzen

Die Symbole bedeuten

 Text, Silbenteppich, Gedicht oder Reim flüssig und laut lesen.

 Schreibe mit zwei Farben.

 Male in das Arbeitsheft.

 Sprich und klatsche dazu.

 Höre bestimmte Silben heraus.

 Verbinde Silben, Wörter und Bilder.

Spure nach und schreibe mit zwei Farben.

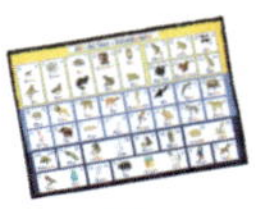 Schreiben mit der Schreibtabelle*

1. Bearbeite die Aufgabe so wie du es kannst.

 Ich – Du – Wir

 Über Lernen sprechen

 Klassengespräch

* Je nach Platzbedarf und Leistungsstand in das Arbeitsheft oder das Schreibheft

1.

Auto

2.

3.

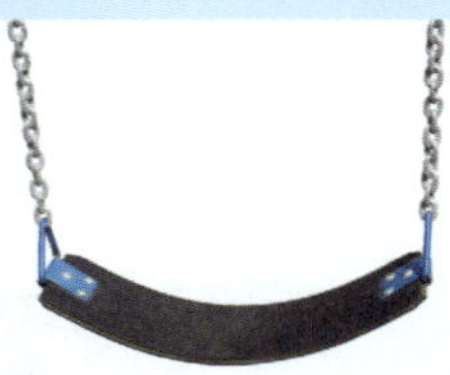

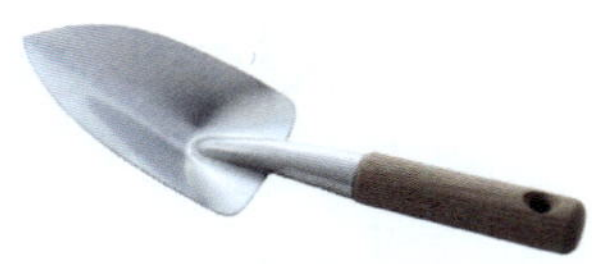

- 1. Einführung der Gebärde **au**
- 2. Zu den Gebärden schreiben: au, rau, aus, Maus
- 3. Silben abstreichen und Nomen mit zwei Farben schreiben

1. –

2.

Was alle Kinder tun:

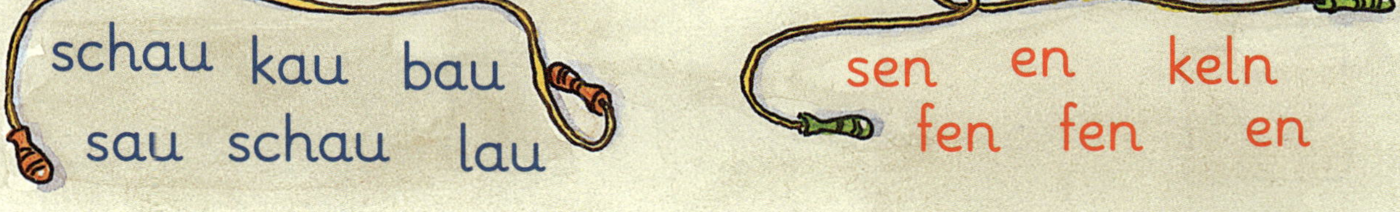

- 1. Im Klassengespräch alle Bildwörter klären: Schraube, Daumen, Taube, Schaufel
  In Einzelarbeit Bildwörter mit zwei Farben in Häuschen schreiben
- 2. Silben abstreichen und Verben mit zwei Farben schreiben ••• Sätze mithilfe der Schreibtabelle ins Heft schreiben

1.

bla blei ble blu blau

fra frei fre fru frau

bra brei bre bri brau

schla schlei schle schlau

2.

M	Maus	T	Trauben
L		Sch	
M	Mauer	K	Kraut
B		B	
b	blau	l	laufen
sch		k	

• 1. Silbenteppich flüssig und laut lesen
•• 2. Reimwörter mit zwei Farben schreiben

1.

Klaus kommt

Klaus

Sein Daumen

Martin

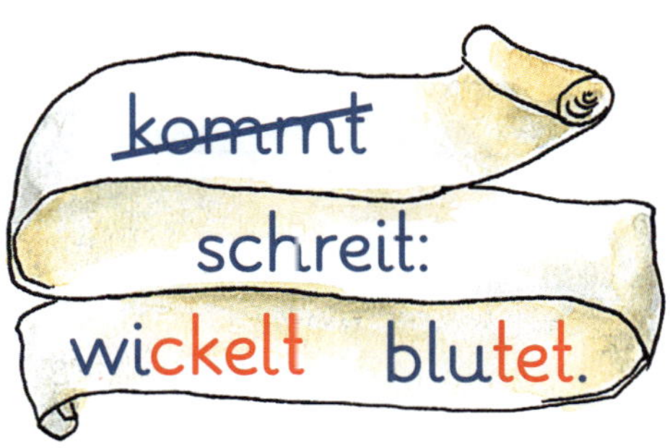

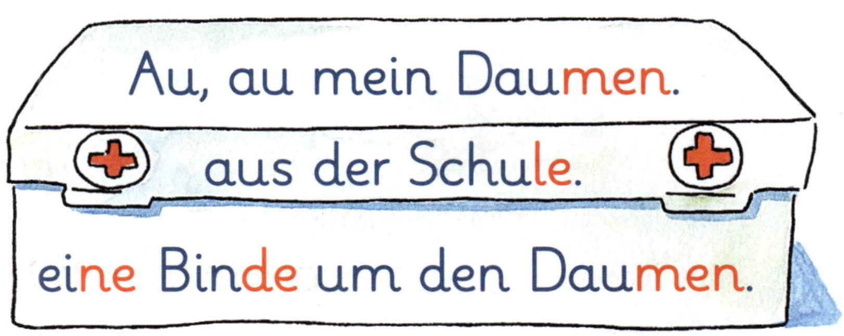

2. Was machst du nach der Schule?

•• 1. Zu jedem B ld einen ganzen Satz mit zwei Farben schreiben und verwendete Wörter im Wortpool abstreichen
••• 2. Sätze mithilfe der Schreibtabelle ins Heft schreiben

1.

Geist

2.

3.

Nä Gei Geis | Gur
Gar Ga Gir Gän

lan gel se bel gel
ter ten de ke ge

- 1. Einführung der Gebärde **g**
- 2. Zu den Gebärden schreiben: gei, gra, grau
- 3. Silben abstreichen und Nomen mit zwei Farben schreiben

1.

2.

Was alle Kinder tun:

gril | fra | geis | hen | tern | gen

ge | schla | tra | gen | len | gen

- 1. Im Klassengespräch alle Bildwörter klären: Garten, Gurke, Nagel, Geige
  In Einzelarbeit Bildwörter mit zwei Farben in Häuschen schreiben
- 2. Silben abstreichen und Verben mit zwei Farben schreiben ••• Sätze mithilfe der Schreibtabelle ins Heft schreiben

1.

gla gei go gu grau

gil ga gel gen gro

kla klei kle ko kru

ge ka glo ku krei

2. G oder K – g oder k?

 abel

 arten

 uss

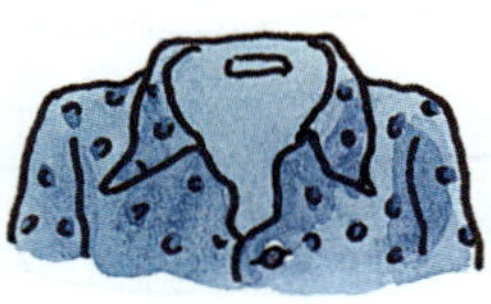 Kra en

• 1. Silbenteppich flüssig und laut lesen
•• 2. **G/g** oder **K/k** einfügen und Wörter mit zwei Farben schreiben

1.

2.

Es ist Abend. Der ______ scheint.

Alle Kinder treffen am ______ ein

und wollen ein ______ feiern.

Gesa und Birgit schlagen ______ ein.

Beide befestigen ______ daran.

Georg und Gero holen einige ______

und geistern hin und her – hui – hui.

3. Schreibe eine Geistergeschichte.

•• 1. Sechs Wörter finden und nachspuren
•• 2. Passende Wörter in die Lücken mit zwei Farben schreiben
••• 3. Mithilfe der Schreibtabelle eine eigene Geistergeschichte ins Heft schreiben

1.

2. –

•• 1. Einführung des **ie**: Dem **i** folgt immer das stumme **e** im Doppelzimmer.
Merksatz: „Hier ist das dünne **i** allein, das stumme **e** muss bei ihm sein."

•• 2. Im Klassengespräch alle Bildwörter klären: Biene, Wiese, Briefe, Tiere, Schiene, Wiege, Siebe, Diebe
In Einzelarbeit Bildwörter mit zwei Farben in Häuschen schreiben

Im Riesenland

zu S. 48, 49

1. 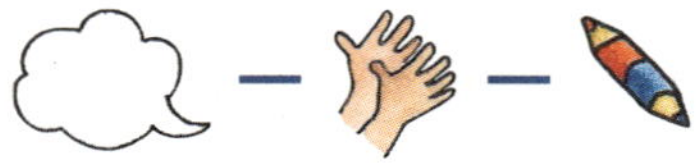

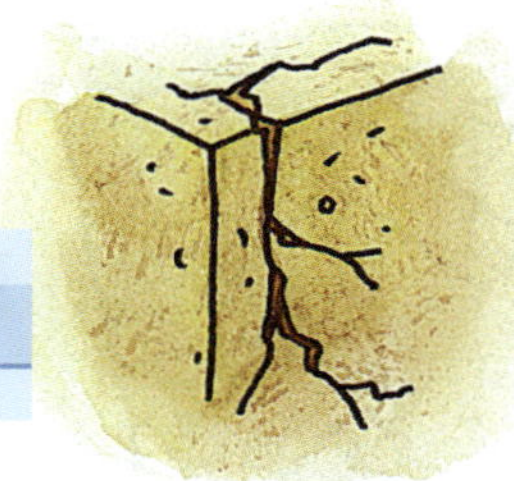

2. 

Was alle tun:

1.

wa wä Wiese Weise

ra rö Riese Reise

ba bü Biene Beine

scha sche Schiene Scheine

2.

R	Riese	B	Biene
W		Sch	
K	Kiesel	M	Miete
W		N	
D	Diebe	F	Fieber
S		l	

• 1. Silbenteppich flüssig und laut lesen
•• 2. Reimwörter mit zwei Farben schreiben

1. ie ei

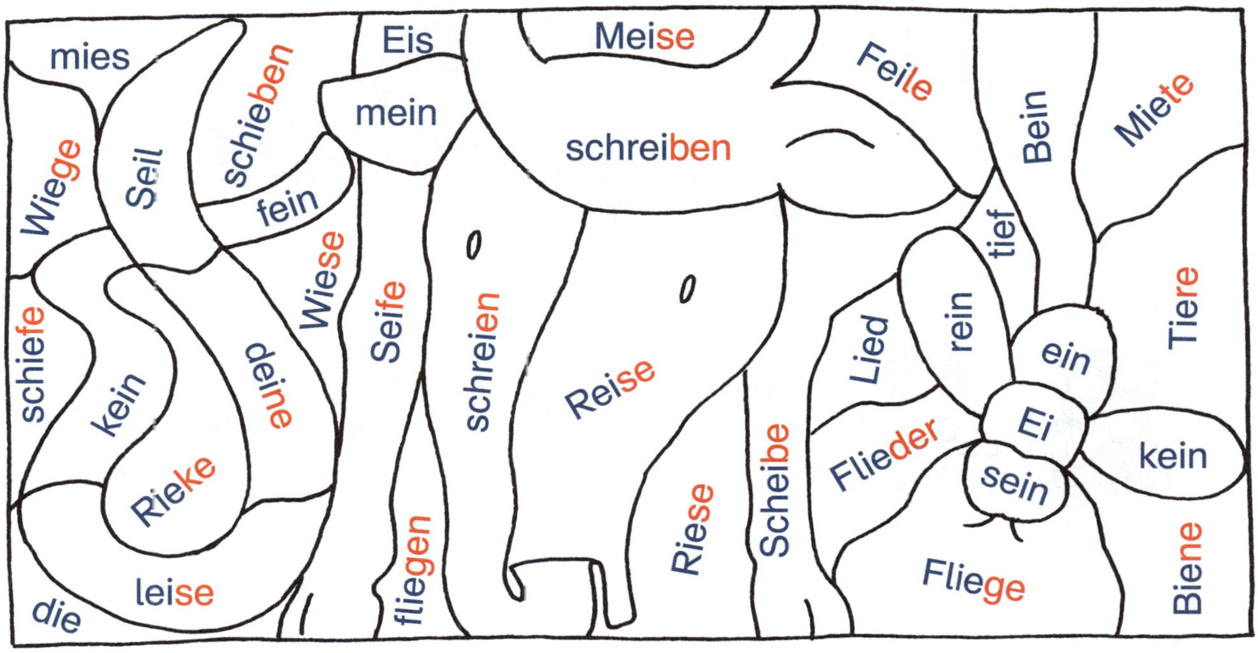

2. ie oder ei – entscheide und schreibe.

R__ke schläft t__f. Auf __nmal kann sie

fl__gen. Sie landet auf __ner W__se.

Dort sind r__sige T__re.

R__sige B__nen schwirren

um R__senblumen.

Da muss R__ke n__sen.

Es ist s__ben Uhr.

3. Ein aufregender Tag

•• 1. Ausmalbild: Unterscheiden von **ie** und **ei**
•• 2. **ie** oder **ei** einsetzen und Wörter mit zwei Farben schreiben
••• 3. Mithilfe der Schreibtabelle eigene Geschichte schreiben

Panne

zu S. 50, 51

1.

2.

3.

- 1. Einführung der Gebärde **p**
- •• 2. Zu den Gebärden mit zwei Farben schreiben: Paula, Peter
- 3. Silben abstreichen und Nomen mit zwei Farben schreiben

1.

2.

Was die Kinder tun:

•• 1. Im Klassengespräch alle Bildwörter klären: Pfeile, Pflaume, Pfeife, Apfel
In Einzelarbeit Bildwörter mit zwei Farben in Häuschen schreiben
•• 2. Silben abstreichen und Verben mit zwei Farben schreiben ••• Sätze mithilfe der Schreibtabelle ins Heft schreiben

1.

Papageiengeplapper

Der Papagei, der Pipogei,
der plappert Wörter einerlei.
Die Mamagei, die Mimogei,
die legt schon mal ins Nest ein Ei.
Und aus dem Ei, und aus dem Ei
schlüpft 1 2 3 das Mapagei.

2. b/bb oder p/pp?

_acken

_acken

kra_ _eln

kla_ _ern

Schrau_e

Rau_e

Ro_ _e

Ra_e

•• 1. Reime flüssig und laut lesen
•• 2. Wörter mit zwei Farben schreiben und dabei **b/bb** oder **p/pp** einfügen

1.

Papa, Mama, Paula und Peter warten

auf die ______________________.

2. Eine aufregende Autofahrt

•• 1. Passende Wörter in die Felder mit zwei Farben schreiben
Das Lösungswort mit zwei Farben eintragen
••• 2. Mithilfe der Schreibtabelle eine eigene Geschichte schreiben

1.

2.

3.

- 1. Einführung der Gebärde **h**
- 2. Zu den Gebärden mit zwei Farben schreiben: Haus, Hose
- 3. Silben abstreichen und Nomen mit zwei Farben schreiben

Der Hase und der Igel

zu S. 52, 53

1. –

2.

Was die Kinder tun:

- 1. Im Klassengespräch alle Bildwörter klären: Hase, Hüte, Hose, Hunde
  In Einzelarbeit Bildwörter mit zwei Farben in Häuschen schreiben
- 2. Silben abstreichen und Verben mit zwei Farben schreiben ••• Sätze mithilfe der Schreibtabelle ins Heft schreiben

1.

Kinderreim

Häslein in der Grube
saß und schlief, saß und schlief.
Armes Häslein bist du krank,
dass du nicht mehr hüpfen kannst?
Häslein hüpf, Häslein hüpf!

2.

 Hase a o 

 Hummel u i 

 Hecke e a 

 Hammer a u 

 Huhn u a 

•• 1. Reime flüssig und laut lesen
•• 2. Zauberwörter finden: Nomen mit zwei Farben nachspuren, Vokal ersetzen und mit zwei Farben schreiben

1.

- ◯ Der Hase wettet mit dem Igel.
- ◯ Der Hase fällt müde um.
- ◯ Der Igel holt seine Frau.
- ◯ Sie laufen um die Wette.

2. Spielt die Geschichte mit verteilten Rollen.

•• 1. Bilder unc Sätze einander zuordnen und schreiben
••• 2. Szenisches Spiel

1.

2.

3.

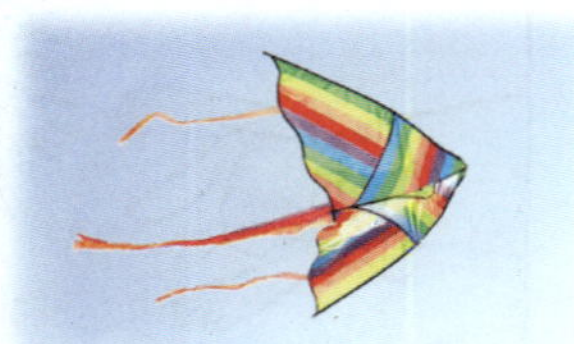

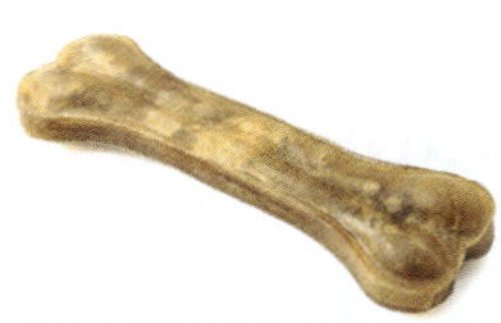

- 1. Einführung der Gebärde **ch**
- •• 2. Zu den Gebärden schreiben: Licht, Nacht
- 3. Silben abstreichen und Nomen mit zwei Farben schreiben

1.

m machen | r reichen
l | w
w | schl

B Bach | R Rauch
D | B
Sch | L
Kr | Schl

2.

~~Kirchen~~ / Kirschen schmecken lecker.

Mio taucht / tauscht nach Muscheln.

•• 1. Reimwörter mit zwei Farben schreiben
• 2. Unzutreffende Wörter streichen und Sätze mit zwei Farben schreiben

1.

Wichtel in der Nacht

Nur heimlich in der Nacht
der Wichtelmann erwacht.
Er webt ein weiches Tuch.
Er schreibt ein dickes Buch.
Am Tag im hellen Licht
sieht man den Wichtel nicht.

2. Was Wichtel machen:

w	k	s	c	h	l	e	i	c	h	e	n	h
e	m	t	s	l	a	c	h	e	n	h	i	n
e	m	c	s	c	h	n	a	r	c	h	e	n
k	s	u	c	h	e	n	a	h	s	t	e	n
g	l	n	m	k	o	c	h	e	n	s	c	h
l	r	i	e	c	h	e	n	h	e	k	n	a

•• 1. Reime flüssig und laut lesen
•• 2. 5 weitere Verben markieren und mit zwei Farben schreiben

Tiger in Indien

zu S. 54, 55

1.

Tiger sind __________.

Sie fressen nur __________.

Ihre Heimat ist __________.

Leider werden __________ oft getötet,

weil sie ein schönes __________ haben.

Tiger fressen auch __________.

Tawu muss die __________ hüten. Er fürchtet die Tiger.

In der __________ macht er ein Feuer,

damit die Tiger nicht an das __________ kommen.

2. Beschreibe ein Tier.

•• 1. Im Klassengespräch mögliche Lösungen besprechen
In Einzelarbeit passende Wörter mit zwei Farben in die Lücken schreiben und im Wörterpool abstreichen
••• 2. Mithilfe der Schreibtabelle einen eigenen Text schreiben

Auf dem Bauernhof

zu S. 56, 57

1.

2.

Die Kater schnurren.

Die

• 1. Im Klassengespräch Zuordnung klären und in Einzelarbeit Nomen und Verben verbinden
•• 2. Sätze mit zwei Farben schreiben

1. Simsalabim, aus 1 mach 2.

Gans

a ä

Gänse

2.

Lamm a  ä

Schwan a  ä

Apfel A  Ä

Glas a  ä

Mann a  ä

Hand a  ä

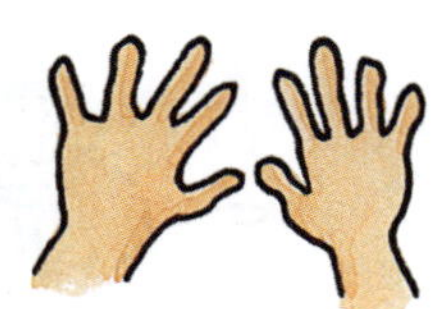

- 1. Im Klassengespräch Mehrzahlbildung **a ä** besprechen
- 2. Nomen mit zwei Farben nachspuren, Mehrzahl bilden und mit zwei Farben schreiben

1.

Kinderreim

Schnurrekater schnurren.
Surrefliegen surren.
Schnattergänse schnattern.
Gackerhennen gackern.
Der Papagei hört zu
und gackert, schnattert,
surrt und schnurrt im Nu.

2. große Tiere – kleine Tiere

Schaf – Schäfchen

Hase –

Gans –

Affe –

•• 1. Kinderreim flüssig und laut lesen
•• 2. Nomen mit zwei Farben nachspuren, fehlende Verkleinerungsformen mit zwei Farben schreiben

1. Finde die Tiere.

E	F	B	U	L	L	E	B	H	A	S	E	L	A
E	M	A	U	S	B	E	B	H	A	E	N	T	E
K	A	T	E	R	T	E	B	H	E	N	N	E	A
E	F	B	H	O	F	H	U	N	D	S	E	L	A
E	F	O	H	L	E	N	U	N	P	F	E	R	D

2. Wo leben die Tiere?

Diese Tiere leben alle

auf dem ______________.

3. Ein Erlebnis mit Tieren

•• 1. 8 weitere Nomen markieren
•• 2. Mit zwei Farben passende Nomen in die Felder schreiben und Lösungswort eintragen
••• 3. Mithilfe der Schreibtabelle eine eigene Geschichte schreiben

1.

2.

Störche

- 1. Im Klassengespräch die Nomen im Bild klären
- 2. Silben abstreichen und Nomen mit zwei Farben schreiben

1.

Ort

echt

Eiche

2.

Spiegeleier

Spaghettieis

Spinatnudeln

Speckbrot

Bananensplit

Speisekarte

3. Was isst du gerne? Schreibe deine Speisekarte.

•• 1. Zauberwörter finden: **Sp** hinzufügen und mit zwei Farben schreiben
• 2. Wörter mit zwei Farben in die Speisekarte schreiben
••• 3. Mithilfe der Schreibtabelle eine eigene Speisekarte schreiben

1.

Der Klapperstorch

Klapperstorch und Klapperstorch
klappern auf dem Neste, horch!
Klappern, wir sind wieder da
aus dem fernen Afrika.
Flogen über die Türkei,
legen bald ins Nest ein Ei.

2. St oder Sp?

 ern

 orch

 innen

 iegel

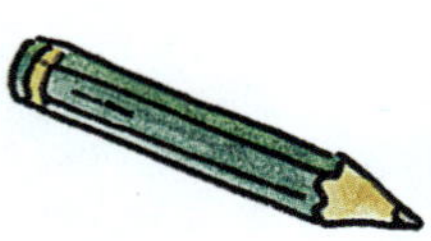 ift

 iel

 echt

 uhl

 ein

 iefel

•• 1. Reime flüssig und laut lesen
•• 2. **St** oder **Sp** einfügen und Nomen mit zwei Farben schreiben

1.

Störche

überwintern
füttern
klappern
fliegen
suchen

mit dem Schnabel
Futter
in Afrika
nach Süden
die kleinen Störche

2. Hast du auch schon ein Tier beobachtet?

•• 1. Zu jedem Bild ein passendes Verb und eine passende Ergänzung aus dem Wörterpool oder ganze Sätze mit zwei Farben schreiben
Die benutzten Wörter im Wörterpool abstreichen
••• 2. Mithilfe der Schreibtabelle einen eigenen Text schreiben

1.

2.

3.

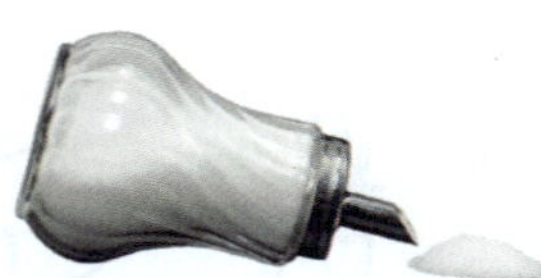

- 1. Einführung der Gebärde z
- •• 2. Zu den Gebärden mit zwei Farben schreiben: Zebra, zwei
- 3. Silben abstreichen und Nomen mit zwei Farben schreiben

1. ◯ – ✎

2. ✎

Was Kinder und Tiere tun:

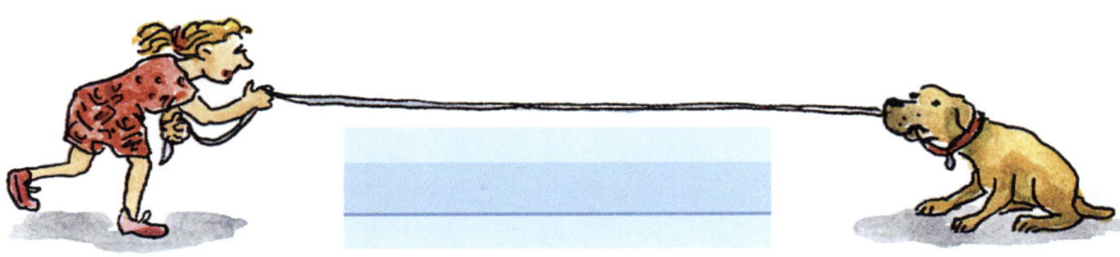

- 1. Im Klassengespräch alle Bildwörter klären: Ziege, Brezel, Kerze, Wurzel
  In Einzelarbeit Bildwörter mit zwei Farben in Häuschen schreiben
- 2. Silben abstreichen und Verben mit zwei Farben schreiben ••• Sätze mithilfe der Schreibtabelle ins Heft schreiben

1.

Zoogedicht

Die Bären brummen,
die Bienen summen.
Die Tauben gurren,
die Wölfe knurren.
Die Störche klappern,
die Kinder plappern.
Den ganzen Tag die gleiche Leier,
Papa Strauß bewacht die Eier.

2. Was machen die Tiere?

Bären brummen

•• 1. Gedicht flüssig und laut lesen
•• 2. Tiernamen und Verben aus dem Gedicht mit zwei Farben schreiben

1.

Mia und Mio im Zoo

Mia und Mio

Mio

Mia

Sie

Sie

beobachten | bezahlen | die Menschenaffen | gehen | hält | zum Tor hinaus | ein Häschen im Arm | an der Zookasse | eine braune Ziege | streichelt

•• 1. Zu jedem Bild ein passendes Verb und eine passende Ergänzung aus dem Wörterpool oder eigene Sätze mit zwei Farben schreiben
Die benutzten Wörter im Wörterpool abstreichen

1.

Tiere wie die Katzen
haben weiche Tatzen.
Nur die Krallen sind so spitz.
Beim Gewitter zuckt der Blitz.

2. Immer ein Buchstabe fehlt.

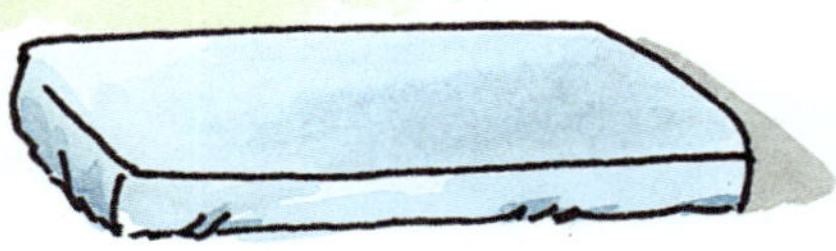
atratze

atze

atze

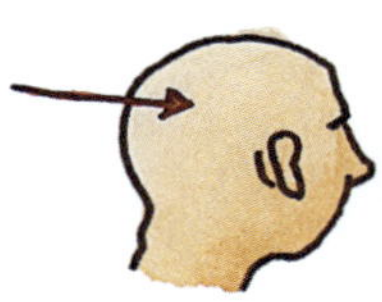
latze

Spatze

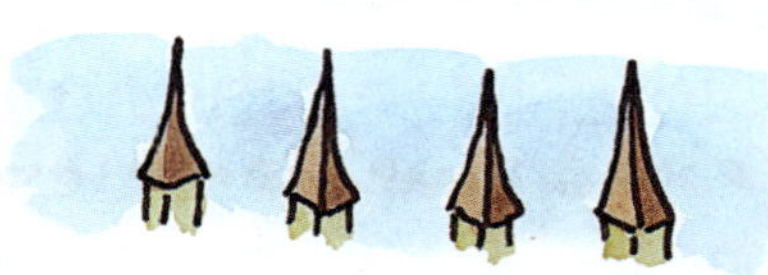
Sp tzen

sp itzen

•• 1. Reime flüssig und laut lesen
•• 2. Fehlende Buchstaben ergänzen und mit zwei Farben schreiben

1. Aus zwei Wörtern wird eins.

~~Käfer~~ ~~Mai~~ Glöckchen Mai Mai Lied Baum Mai

2.

Er regierte ein großes Reich:

der ______________.

•• 1. Wörter zusammensetzen und mit zwei Farben schreiben
Verwendete Wörter abstreichen
• 2. Passende Wörter in die Felder mit zwei Farben schreiben, abstreichen und Lösungswort eintragen

Das Kinderfest

zu S. 62, 63

1.

Moritz und Aisu

Aisus Papa

Moritz

Die Kinder

•• 1. Zu jedem Bild ein passendes Verb und eine passende Ergänzung aus dem Wörterpool oder eigene Sätze mit zwei Farben schreiben
Die benutzten Wörter im Wörterpool abstreichen

1.

○ Eller eller sap sap sap

○ bir saga, bir sola

○ mit den Händen klap klap klap

○ mit den Füßen tap tap tap

einmal rechts, einmal links ○

Arm in Arm tanzen ○

○ ayaklar rap rap rap

○ dans edelim kol kola

••• 1. Bilder mit türkischem Text mit den passenden Kärtchen verbinden

1.

2.

3.

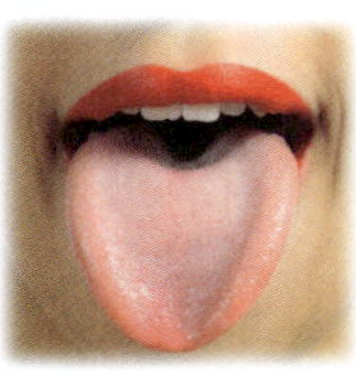

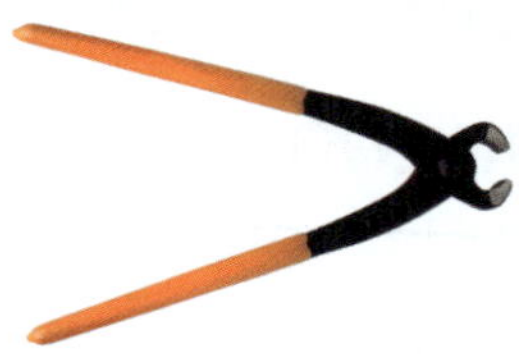

- 1. Einführung der Gebärde **ng**
- •• 2. Zu den Gebärden mit zwei Farben schreiben: Finger, lang
- 3. Silben abstreichen und Nomen mit zwei Farben schreiben

1.

singen
sinken

Angel
Anker

Schlange
Schranke

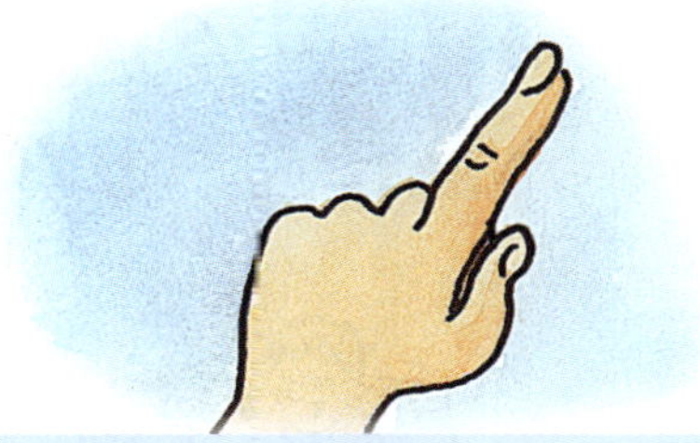

Finger
Finken

Engel
Enkel

• 1. Im Klassengespräch den Unterschied **ng** – **nk** besprechen
In Einzelarbeit Wörter mit zwei Farben schreiben

Lena zu Hause

1. Lies auf Seite 64 und 65 in der Fibel und überlege:
   Was kann Lena? Wobei benötigt sie Hilfe?

2. Tausche dich mit einem Partner aus.
   Tragt Stichwörter ein.

Das kann Lena:

Dazu benötigt sie Hilfe:

3. Stellt eure Stichwörter in der Klasse vor.

••• 1. Ich: In Einzelarbeit überlegen
2. Du: Sich mit Partner austauschen und Stichwörter schreiben
3. Wir: In der Klasse besprechen

1. 👓 – ✏️

Lena geht gerne zur ________ .

Die Kinder sind sehr ________ .

Die Schule hat eine ________ .

Das ist für Rollis ein ________ .

Die Lehrerin hat eine ________ bauen lassen.

Alle ________ Lena gerne.

Susi sucht den ________ auf dem Boden.

Ali bringt ein Glas mit ________ .

Marie ________ Lenas Bild auf.

•• 1. Passende Wörter mit zwei Farben in die Lücken schreiben und im Wörterpool abstreichen

1.

2.

3.

- 1. Einführung der Gebärde j
- 2. Zu den Gebärden mit zwei Farben schreiben: Jaguar, ja, Juli, Juni
- 3. Silben abstreichen und Nomen mit zwei Farben schreiben

Der Jaguar

1.

Der Jaguar	schmeckt lecker.
Das Jahr	geht auf die Jagd.
Der Januar	spielt Jo-Jo.
Der Joghurt	hat 4 Jahreszeiten.
Der Jäger	ist eine Raubkatze.
Der Junge	ist der erste Monat.

2. Schreibe Sätze.

Der Jaguar ist eine Raubkatze.

•• 1. Satzanfang mit dem passenden Satzende verbinden
•• 2. Sätze mit zwei Farben schreiben

Der Jaguar

zu S. 66, 67

1.

Der Jaguar

Der Jaguar lauert.
Der Jaguar lauert.
Jetzt schleicht er sich an.
Jetzt schleicht er sich an.
Das Äffchen, das am Boden kauert,
das Äffchen, das am Boden kauert,
springt weg so schnell es eben kann,
springt weg so schnell es eben kann.

Martin Geck

2.

Du hast das Gedicht toll vorgetragen.

Die zweite Hälfte muss ich noch üben.

3.

Sein gelbes Fell hat ______ ______.

Jaguare leben im ______.

Sie können ______ und ______.

Sie jagen kleine ______ und ______.

schwimmen – klettern – Flecken – Regenwald – Schildkröten – Affen – schwarze

- 1. Reime flüssig und laut lesen
- 2. Über Lernen sprechen: Gedichtvortrag
- 3. Passende Wörter mit zwei Farben in die Lücken schreiben und im Wörterpool abstreichen

1.

F	Feder	Z	Zunge
j		J	
d	da	Tr	Trubel
j		J	
r	rodeln	fr	fragen
j		j	

2. Richtig oder falsch? Schreibe ja oder nein.

Der Jaguar lebt in Australien. ____

Manche Jaguare sind schwarz. ____

Jaguare jagen Pinguine. ____

Jaguare haben ein kräftiges Gebiss. ____

Jaguare haben ein schönes Fell. ____

3. Schreibe einen Steckbrief zu einem Tier.

•• 1. Reimwörter mit zwei Farben schreiben
•• 2. Sätze mit „ja“ oder „nein“ beantworten
••• 3. Mithilfe der Schreibtabelle einen eigenen Steckbrief schreiben

1.

Eule

2.

3.

- 1. Einführung der Gebärde **eu**
- •• 2. Zu den Gebärden schreiben: Freund, neun
- 3. Silben abstreichen und Wörter mit zwei Farben schreiben

Eulen jagen in der Nacht

1. –

2.

Was Kinder tun:

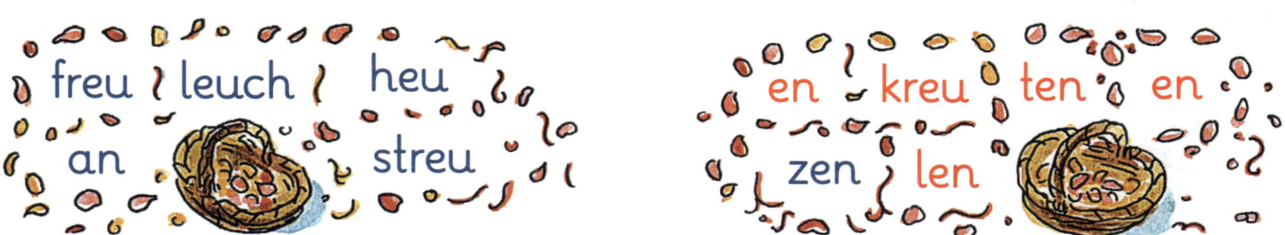

•• 1. Im Klassengespräch alle Bildwörter klären: Leute, Teufel, Eule, Beutel
In Einzelarbeit Bildwörter mit zwei Farben in Häuschen schreiben
• 2. Silben abstreichen und Verben mit zwei Farben schreiben ••• Sätze mithilfe der Schreibtabelle ins Heft schreiben

1.

Die Eule

Abends gegen neune
in der alten Scheune
hört man ein Geheule,
so ruft die Schleiereule.
Schlafen nachts die Leute,
jagt sie ihre Beute.
Schuhu, schuhu
um Mitternacht ist Ruh.

2. Simsalabim, aus ei wird eu.

 nein — ei → eu — ______ 

 Eile — Ei → Eu — ______ 

 Feier — ei → eu — ______ 

 heilen — ei → eu — ______ 

 Scheine — ei → eu — ______ 

•• 1. Gedicht flüssig und laut lesen
•• 2. Wörter nachspuren, **ei**/**Ei** durch **eu**/**Eu** ersetzen und mit zwei Farben schreiben

Eulen jagen in der Nacht zu S. 68, 69

1.

_____ Kinder beobachten Tiere.

Hinter der _____ liegen Bällchen.

Der Förster breitet ein _____ Tuch aus.

Die _____ untersuchen das Gewölle.

Da sind Reste der _____ .

Wo sind die _____ am Tag?

Der Förster sagt: „Sie sind _____ .

Wir sehen mal in der _____ nach.“

Da sitzt eine Eule auf dem _____ .

Die Kinder _____ sich.

•• 1. Passende Wörter mit zwei Farben in die Lücken schreiben und abstreichen

Vogelnest im Garten

1.

2.

3.

- 1. Einführung der Gebärde v
- •• 2. Zu den Gebärden mit zwei Farben schreiben: Eva, Vater
- 3. Silben abstreichen und Nomen mit zwei Farben schreiben

1.

2.

Was hörst du?

V wie **F**

vier

V wie **W**

3.

Ich höre F oder W, schreibe aber V.

Diese Wörter muss ich mir merken.

- 1. Im Klassengespräch alle Bildwörter klären: Vogel, Vase; In Einzelarbeit Bildwörter mit zwei Farben in Häuschen schreiben
- 2. V-Wörter nach Gehör zuordnen, Silben und Bild abstreichen und mit zwei Farben schreiben
- 3. Über Lernen sprechen: Wörter mit V

1.

Amselmann und Amselfrau

Gelber Schnabel, schwarze Feder,
Amselmann, so kennt dich jeder.
Schöner als die Amselfrau,
braune Feder, Schnabel grau.
Morgens und am Abend lang
erfreust du uns mit dem Gesang,
dort oben auf dem höchsten Ast.
Sei uns willkommen, lieber Gast.

2. Trage die Farbe ein.

	Amselmann	Amselfrau
Federkleid		
Schnabel		

3. Schreibe ja oder nein.

	Amselmann	Amselfrau
Augenring		
Gesang		

•• 1. Gedicht flüssig und laut lesen
•• 2. Passende Farben in die Tabelle als Wörter eintragen
•• 3. Ja oder nein in die Tabelle eintragen
Informationen aus den Lesetexten ableiten oder aus anderen Quellen besorgen

Vogelnest im Garten

zu S. 70, 71

1. Schreibe Sätze.

Eva und Vater

Der Amselvater

Die Vogeleltern

Die Vogelkinder

Der Kater

••• 1. Sätze nach dem Text in der Silbenfibel ergänzen oder eigene Sätze mithilfe der Schreibtabelle schreiben

1. – Finde die Unterschiede.

2. Simsalabim, aus au wird äu

 Strauch	 Sträucher

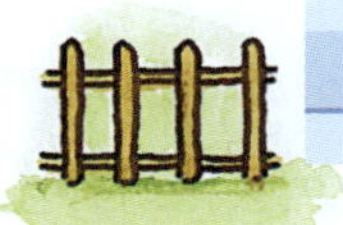	

- 1. Sechs Unterschiede finden:
  1 Baum – 3 Bäume; 1 Zaun – 3 Zäune; 1 Haus – 4 Häuser; 1 Maus – 4 Mäuse; 1 Strauch – 4 Sträucher; 1 Traum – 2 Träume
  Im Klassengespräch Lösung besprechen
- •• 2. Wörter nachspuren und mit zwei Farben schreiben

1. –

2. Simsalabim, aus groß wird klein

 Zaun	 Zäunchen

•• 1. Im Klassengespräch alle Bildwörter klären: Bäume, Häuser, Mäuse, Zäune
In Einzelarbeit Bildwörter mit zwei Farben in Häuschen schreiben
•• 2. Mit zwei Farben Wörter nachspuren, Verkleinerung mit „chen" bilden und mit zwei Farben schreiben

Was Tiere träumen

zu S. 72, 73

1.

Räuber	kaufen
Käufer	aufräumen
Läufer	schäumen
Raum	rauben
Traum	laufen
Schaum	träumen

2.

 Räuber – rauben

•• 1. Nomen und Verben verbinden
• 2. Passende Wörter aus Aufgabe 1 mit zwei Farben schreiben

1. 

Wovon Mäuschen träumen

Zwei  ________ träumen

in ihrem  ________.

Sie rennen an  ________ vorbei.

Sie schlüpfen durch  ________.

Sie springen durch  ________.

Auf einmal stehen sie vor einem Schloss.

Am Eingang sind hohe  ________.

Leise trippeln sie durch die  ________

und schnuppern: Mmh,  ________!

Sie finden leckeren Käse und

schleppen ihn weg – die  ________.

•• 1. Silben abstreichen und passende Nomen mit zwei Farben in die Lücken schreiben

Die Frösche quaken

1.

Qualle

2.

3.

Quar | A | Quer | Qual | qua | drat | flö | ri | le

Quel | Qua | Qualm | Quark | um | le | tett | te

- 1. Einführung der Gebärde **qu**
- 2. Zu den Gebärden schreiben: Quark, Quirl
- 3. Silben abstreichen und Nomen mit zwei Farben schreiben

1.

quengeln

quieken

quaken

qualmen

quasseln

quietschen

2.

Die Kinder quengeln.

Kinder

Reifen

~~Kinder~~

Schweine

Frösche

Reifen

• 1. Im Klassengespräch Zuordnung klären und in Einzelarbeit verbinden
•• 2. Sätze mit zwei Farben schreiben und verwendete Wörter im Wörterpool abstreichen

1. 

Der Frosch

Auf meinem kleinen Gartenteich,
da treibt ein grünes Blatt,
und auf dem Blatt, da döst ein Frosch
vom vielen Springen matt.
Da schreckt er auf: „Es klappert, horch!
Jetzt wird es ernst, das ist der Storch!“
Ein letzter Sprung bringt Rettung heute.
Der Storch zieht weiter ohne Beute.

2. Wir reimen lustig weiter

Der Frosch sitzt in der Pfütze
und trägt ’ne rote ____________.

Die steht ihm auch sehr gut,
viel besser als ein ____________.

Er schwimmt im Teich, der kleine Mann,
und quakt und quakt so laut er ____________.

Kommt eine Fliege vor sein Maul,
schnappt er gleich zu und ist nicht ____________.

•• 1. Gedicht flüssig und laut lesen
•• 2. Passende Wörter mit zwei Farben in die Lücken schreiben und abstreichen

Die Frösche quaken

zu S. 74, 75

1. (lesen – schreiben)

Eva wohnt in einem

Haus mit __________ .

Aus einer __________ fließt Wasser

in einen großen __________ .

Jeden Abend __________ die Frösche.

Libellen __________ durch die Luft.

Goldfische __________ im klaren Wasser.

Frösche __________ nach Fliegen.

Sie legen sehr viele __________ .

Aus den Eiern schlüpfen __________ .

Sie entwickeln sich zu __________ .

2. (Schreibtabelle) Welche Tiere leben am Wasser?

•• 1. Silben abstreichen und passende Wörter mit zwei Farben in die Lücken schreiben
••• 2. Mithilfe der Schreibtabelle eine eigene Geschichte schreiben

1.

2.

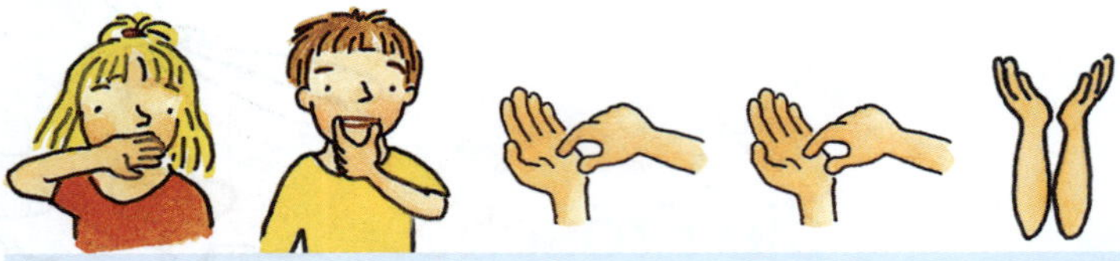

3.

Han Yo Ted Zy Gy

lin dy ros dy

Ba Ye Yak Po

ny ga by der ti

- 1. Einführung der Gebärde **y**
- •• 2. Zu den Gebärden schreiben: Teddy, Yak
- 3. Silben abstreichen und Nomen mit zwei Farben schreiben

Auf dem Ponyhof

zu S. 76, 77

1. Y und y können klingen wie in

Pony

Pyramide

Yak

2.

 Yacht

 Baby

 Olympia

 Hobby

 Dynamo

 Yeti

 Labyrinth

 Handy

 Yoga

 Python

 Yasmin

 Teddy

3.

wie in Pony	wie in Pyramide	wie in Yak

•• 1. Im Klassengespräch y-Laute unterscheiden
•• 2. Je nach Klang die y-Laute mit den 3 Farben passend nachspuren
• 3. Nomen von Aufgabe 2 mit zwei Farben in die richtige Spalte schreiben

Auf dem Ponyhof

1.

Das kleine Pony

Ich bin ein kleines Pony,
mein Reiter, der heißt Conny.
Ruft Conny einmal: Hopp!
Dann laufe ich Galopp.
Und bin ich richtig schlapp,
dann werf ich Conny ab.

Klaus W. Hoffmann

2.

Conny braucht zum Reiten einen ____________.

•• 1. Gedicht flüssig und laut lesen
•• 2. Passende Wörter in die Felder mit zwei Farben schreiben und Lösungswort eintragen

Auf dem Ponyhof

1.  Wie gelangt Sylvia zum Ponyhof?

Papa schreibt:

Clowns im Zir**kus**

zu S. 78, 79

1.

2.

- 1. Im Klassengespräch Wörter im Bild mit **C/c** und **Ch** klären
- 2. Silben abstreichen und Wörter mit zwei Farben schreiben

1.

Zirkusglück

Die kleinen und die großen Leute
kommen in den Zirkus heute.
Erleben in dem hohen Zelt
eine zauberhafte Welt.
Der Cowboy führt die Pferde vor.
Von Clowns ertönt Musik im Chor.
Bravo, rufen groß und klein.
Zum Schluss erlischt der Lichter Schein.

2.

W	C	O	W	B	O	Y	I	C	E	N	T
E	M	T	C	L	O	W	N	E	N	H	I
C	A	C	O	M	P	U	T	E	R	E	C
R	C	H	A	M	Ä	L	E	O	N	V	H
E	F	C	H	I	N	E	S	E	S	C	O
M	S	Z	C	O	M	I	C	L	H	O	R
E	G	C	A	M	P	I	N	G	E	L	N
O	D	R	A	C	U	L	A	H	J	A	B

•• 1. Gedicht flüssig und laut lesen
•• 2. 11 weitere Wörter finden, färben und passende Bilder ankreuzen

1.

2. Warst du schon einmal im Zirkus?

••• 1. Sätze nach dem Text in der Silbenfibel oder eigene Sätze mithilfe der Schreibtabelle ins Heft schreiben
••• 2. Mithilfe der Schreibtabelle einen eigenen Text schreiben

1.

2.

3.

- 1. Einführung der Gebärde **x**
- •• 2. Zu den Gebärden mit zwei Farben schreiben: Trixi, Axt
- 3. Silben abstreichen und Nomen mit zwei Farben schreiben

1.

Das x-Gedicht

Mit x, mit x, mit x,
da gibt es wirklich nix.
Kein Vogel, Käfer, Säugetier
beginnt mit x, das glaube mir.
Musik mit x, das gibt es schon:
Man macht sie auf dem Xylofon.
Probier es einfach aus,
es wird schon was daraus!

Martin Geck

2. – Ergänze die Bilder.

Trixi fliegt auf ihrem Hexenbesen.

Xaver geht mit seinem Boxer spazieren.

Abraxas sitzt auf der Kirchturmspitze.

Trixi mixt zwei Becher Hexenlimo.

•• 1. Gedicht flüssig und laut lesen
•• 2. Bilder passend zu den Texten ergänzen

1. 👓 – ✏️

① Trixi ist eine kleine …
② Trixi kauft einen …
③ Der Rabe heißt …
④ Der Besenbinder heißt …
⑤ Trixi nennt den Besen …
⑥ Trixi saust dahin wie ein …
⑦ Trixi sagt: „Fliegen macht …"
⑧ Trixi bleibt beinahe am … hängen.
⑨ Trixi findet den Zauberspruch im …

Lösung:

Trixi mixt zwei Becher ______________________.

•• 1. Passende Wörter zu den Sätzen in die Felder mit zwei Farben schreiben
Lösungswort mit zwei Farben schreiben

Rollenspiel „Die Bremer Stadtmusikanten“

1. Wer sagt was? Trage ein.

Die Tiere sind auf dem Weg nach Bremen.

Esel: „Die Säcke wurden mir zu schwer.“

______: „Die Kette scheuerte mein Fell am Hals.“

______: „Ich konnte keine Mäuse mehr fangen.“

______: „Die Bäuerin wollte mich mit der Suppe kochen.“

Die Tiere sehen einen schwachen Lichtschein.

______: „Ich schleiche leise vor und spioniere.“

______: „Ich fliege auf den Baum und halte Ausschau.“

______: „Wir verstecken uns hier, bis ihr zurückkommt.“

Die Tiere nähern sich dem Haus.

______: „Ich stelle mich auf die Fensterbank.“

______: „Ich springe auf deinen Rücken.“

______: „Ich klettere auf deinen Rücken.“

______: „Ich fliege nach oben.“

Die Tiere machen einen Höllenlärm.

______: „Ia!“ ______: „Miau!“

______: „Wauwau!“ ______: „Kikeriki!“

Die Räuber fliehen.

______: „O Schreck – Gespenster!“

••• 1. Ich: Die Sprecher eintragen, mit zwei Farben schreiben

2. Besprich die Lösung von Aufgabe 1 mit einem Partner.

3. Bildet mit zwei weiteren Paaren eine Gruppe.
   Erfindet einen Namen für eure Gruppe und
   übt die Szenen mit verteilten Rollen.
   Jede Gruppe spielt das Rollenspiel vor.

4. Gruppen bewerten, z. B. ☺ ☺ ☺

Gruppenname:	
flüssig:	☺ ☺ ☺
deutlich:	☺ ☺ ☺
ausdrucksstark:	☺ ☺ ☺
☺ Gesamt:	

Gruppenname:	
flüssig:	☺ ☺ ☺
deutlich:	☺ ☺ ☺
ausdrucksstark:	☺ ☺ ☺
☺ Gesamt:	

Gruppenname:	
flüssig:	☺ ☺ ☺
deutlich:	☺ ☺ ☺
ausdrucksstark:	☺ ☺ ☺
☺ Gesamt:	

Gruppenname:	
flüssig:	☺ ☺ ☺
deutlich:	☺ ☺ ☺
ausdrucksstark:	☺ ☺ ☺
☺ Gesamt:	

••• 2. Du: Mit Partner die Lösung besprechen
••• 3., 4. Wir: Rollenspiel einüben, der Klasse vorspielen und bewerten

zu S. 86, 87

1. So wird der Osterhase bunt

Auf der grünen Wiese

Osterhase Peter hält
ein gelbes Ei in der Hand.
Auf dem Rücken trägt er
einen braunen Korb.
Im Korb sind ein rotes
und ein blaues Ei.
Sein Kopf, seine Hände
und seine Beine sind braun.
Das Hemd ist lila.
Seine Hose ist rot.
Er trägt weiße Socken
und blaue Schuhe.

••• 1. Ich: In Einzelarbeit die Farbwörter im Text unterstreichen
Du: In Partnerarbeit Ergebnis vergleichen und Hasen anmalen
Wir: In der Gruppe/Klasse die schönsten Bilder prämieren